1867 18 Novemb

DESSINS

ANCIENS ET MODERNES

PORTRAIT DE LA TOUR

Au Pastel [Cambray]

VENTE LE 8 NOVEMBRE 1867

EXPOSITION PUBLIQUE LE 7

Me DELBERGUE-CORMONT	M. VIGNÈRES
Commissaire-Priseur.	Md d'Estampes.

(241e) PARIS — 1867 — NOVEMBRE

RENOU et MAULDE, imprimeurs de la Compagnie des Commissaires-Priseurs, rue de Rivoli, 144. 7708

(241•)

CATALOGUE

D'UNE JOLIE COLLECTION

DE

DESSINS

ANCIENS ET MODERNES

PARMI LESQUELS

LE PORTRAIT AU PASTEL DE

Quentin DE LA TOUR par lui-même

DONT LA VENTE AURA LIEU

HOTEL DES COMMISSAIRES-PRISEURS

Rue Drouot, n° 5

SALLE N° 5, AU PREMIER

LE VENDREDI 8 NOVEMBRE 1867

A UNE HEURE PRÉCISE

Mᵉ DELBERGUE-CORMONT, Commissaire-Priseur,
rue de Provence, 8.

Assisté de M. **VIGNÈRES**, Marchand d'Estampes,
rue de la Monnaie, 13, à l'entresol, entrée rue Baillet, 1,

CHEZ LEQUEL SE DISTRIBUE LE CATALOGUE.

EXPOSITION PUBLIQUE

Le Jeudi 7 Novembre 1867, de 1 à 4 heures.

PARIS — 1867

L'ORDRE DU CATALOGUE SERA SUIVI

EXCEPTÉ

Pour le n° 146. Portrait de DE LA TOUR qui sera vendu à 4 heures

Le Catalogue de cette jolie Collection de Dessins nous a été remis manuscrit.

CONDITIONS DE LA VENTE

Au comptant.

CINQ POUR CENT en plus des enchères, applicables aux frais.

M. VIGNÈRES, dirigeant la Vente, se charge des Commissions.

NOTA. Toute commission sans prix fixé ou sans limite déterminée sera regardée comme nulle.

M. VIGNÈRES se charge de faire marquer les prix aux Catalogues des Ventes qu'il a faites. Les personnes qui le désirent peuvent s'adresser à lui *franco*.

Plusieurs Amateurs éloignés en ont reconnu l'utilité pour les guider dans leurs achats sur les valeurs des Estampes.

Les Catalogues des Ventes à faire seront envoyés aux personnes qui en feront la demande *affranchie*.

AVIS. -- Nous prions MM. les Amateurs éloignés de ne pas attendre au dernier jour, pour que les lettres arrivent le matin de la vente; ils compendront que quelques lettres peuvent se lire, mais de 20 à 50 lettres, c'est difficile.

		3456 75
Affiches et afficheur 75 colombier	32 25	
Moniteur des Ventes	15 60	
Declaration de vente 2/. timbre 3/	5 ..	
Enregistrement	81 90	
Bourse commune	108 90	
Commissaire priseur	108 90	
Clerc et crieur	12	
Location de la salle	71 10	
Catalogue 500	135	
Honoraires Vignères	182	
Commissionnaire 2 jours	10	
Gratification	12	
Eff. à la Poste et distribution du Catalogue	37 50	
Moniteur universel	10	
Transport chez moi et à l'hotel	7	
5 mains chemises	6 25	
	835 40	
Déduire les 5 % des acquereurs	172 85	662 55
		2794 20
Bordereau		485 10

La Collection de Dessins que nous offrons au public est peu nombreuse, mais chacune des pièces qui la composent nous paraît avoir sa valeur et porter avec elle ses preuves d'authenticité. Aussi ne doutons-nous pas que les vrais Amateurs s'empressent d'y puiser, — chacun selon ses préférences, — de quoi remplir les lacunes de leurs cartons.

Les uns y trouveront quelques beaux Dessins de cette École Italienne que l'on néglige trop aujourd'hui, et qui cependant reste la première entre toutes ; celle dont un amour intelligent donne le mieux la mesure du goût dans un homme comme dans un temps. Pour ces vieilles œuvres, les attributions sont toujours chose délicate. Nous avons adopté les noms qui nous ont semblé les plus vrais, plutôt que de chercher les plus grands.

D'autres y choisiront de bons morceaux des Écoles Flamande et Hollandaise, qui tous attestent leur origine et nomment leur auteur par la franchise de la touche et la sincérité de l'exécution.

Plusieurs enfin préféreront les Dessins de l'École

Française, et, en particulier, de cette École du XVIIIe siècle toujours aimé, — trop recherché peut-être, — mais qui sait se faire pardonner ses défauts par de brillantes qualités, par une surtout qui les vaut toutes, c'est que dans sa légèreté même elle exprime mieux l'esprit français que des œuvres plus compassées et plus sérieuses, mais étrangères à son véritable génie.

Nous n'avons pas besoin de désigner les pièces les plus piquantes de cette série. Elles se déclarent assez d'elles-mêmes par la vivacité et la grâce de leurs allures ; nous n'en citerons qu'une seule, qui nous paraît hors ligne: c'est un portrait de QUENTIN DE LA TOUR peint par lui-même.

Annoncer un nouveau pastel de La Tour, c'est presque provoquer l'incrédulité. Celui-ci cependant défie l'œil le plus sceptique, par l'exécution d'abord, qui signe l'œuvre partout, comme disent les artistes ; puis par la physionomie vivante de l'auteur, par ce sourire plein de finesse et de bonhomie, qui fait l'attrait principal de la belle esquisse du Louvre, et que l'on aime à retrouver ici.

Cette fois pourtant, ce n'est plus l'artiste en robe de chambre. C'est le peintre de tous les grands personnages du temps en habit de cour, avec ce velours,

cette poudre et ces dentelles qu'il exécutait si bien, mais qu'il aimait si peu à porter, dit la chronique. L'œuvre est de 1750; l'Auteur avait cinquante ans. Il était dans toute la force de l'âge, dans toute l'efflorescence du talent; aussi ce portrait est-il une des meilleures et des plus fermes pages qu'il ait produites.

Il l'avait gardé pour lui-même et l'avait emporté dans sa ville natale de Saint-Quentin, où il alla passer ses dernières années. Mais il ne le légua pas avec tout son cabinet au Musée de son pays; il en fit cadeau, dit-on, au curé de sa paroisse, et c'est ainsi qu'il fut pieusement préservé, et qu'il a pu nous revenir dans toute sa fraîcheur et sa jeunesse de conservation.

Vieu 12

~~Vieu 20~~

(Berger 25 Vieu 10 Teis. 3 50

DÉSIGNATION

1 **ALAUX.** Vénus et l'Amour. — **Dessin à la mine de plomb rehaussé de blanc.** (Signé.)

2 **ANDRIEUX.** Le Lancier et son cheval. — **Joli dessin à la plume lavé d'aquarelle.**

3 — Le Paradis des petits théâtres. — **Croquis spirituel à la plume et au crayon, lavé d'encre de Chine.**

4 — Souvenir du 25 février 1848. — **Dessin intéressant à la pierre noire.**

5 — L'Artiste dans sa mansarde. — **Joli dessin légèrement teinté d'aquarelle.**

6 **AUGUSTIN.** Portrait d'Homme. — **Dessin au crayon noir d'un modelé et d'un fini remarquables.**

7 **BARBIER** (Le). Gens du peuple à la porte d'un palais. — **Très-jolie vignette à la plume et à l'encre de Chine.**

8 **BERTAUX** (Duplessis). Ouvriers et Marchande des quatre-saisons. — **3 jolis croquis à la plume.**

9 **BOILLY.** Intérieur de famille. — **Dessin à la pierre noire.** (Leçon de dessin et de géographie.)

10 — Familles et enfants au spectacle. — **2 charmants dessins à la plume lavés d'encre de Chine.**

11 — Musiciens ambulants, homme et femme. — **Joli croquis à la plume, lavé d'encre de Chine.**

12 — Étude pour un portrait de femme. — Dessin à la pierre noire rehaussé de blanc.

13 BONINGTON. Intérieur d'appartement. — Esquisse à l'huile.

14 ~~BOUCHARDON~~. Satyre surprenant des nymphes. — Dessin à la plume relevé de blanc sur papier teinté.

15 BOUCHER (François). Jeune Fille vue de dos et Étude de draperie. — Dessin à la sanguine de la meilleure manière du maître.

16 — Le Moulin. — Beau dessin à l'estompe rehaussé de blanc.

17 — Une Cour de ferme. — Dessin à la sanguine.

18 — Jeune Fille à la fontaine. — Large dessin à la pierre noire et à l'estompe.

19 — Deux Amours. — Beau dessin à la sanguine, rehaussé de blanc.

20 — Trois Amours sur les nuages. — Dessin important à la plume et au bistre.

21 — La Musique. — Composition allégorique. — Très-beau ~~dessin~~ à la sanguine.

22 — Femme assise sur les nuées. — Joli dessin à la sanguine.

23 — Vénus et l'Amour. — Première pensée, avec quelques variantes, d'une composition bien connue. — Joli dessin à la sanguine arrêté à la plume.

24 ~~BOURDON (Sébastien)~~. Le Possédé délivré par le Christ. — Dessin d'un beau style, à la plume, lavé d'encre de Chine.

Michel 5 [illegible] :

Teis 3 30 Varlo 2.50

Berg 10.

Teis 5.50

B. 30.

C. 95. Teis 15.50

Michel 6

Michel 6

~~Bru~~

Brun 20

C. 15

Michel 5

Teis. 4.50 C. 20

Vien 12

Teis 3.50 C. 26

Teis 3.50

C. 20

25 **BOURGUIGNON** (J. Courtois, dit le). Combat de cavalerie. — Vigoureux dessin à la plume et à l'encre de Chine.

26 — Choc de cavalerie. — Joli petit dessin à la plume lavé d'encre de Chine.

27 — Une mêlée. — Croquis plein de fougue, à la plume et à l'encre de Chine.

28 BRANDT. Danse de paysans dans la campagne. — Joli paysage à l'encre de Chine.

29 BRÉE (Martin van). Baigneuses. — Dessin à la plume et à l'encre de Chine, rehaussé de blanc sur papier bleu.

30 CANGIAGE. Une Assemblée religieuse. — Beau dessin à la plume. (Avec cachets des collections Mariette et autre.)

31 CANO (Alonzo). Ermites dans le désert. — 2 dessins à la plume, lavés de bistre.

32 CARAVAGE (Michel-Ange de). La Scène. — Superbe dessin à la plume largement massé, à l'encre de Chine.

33 CARESME. Bacchanale. Grand et très-beau dessin à la sanguine.

34 CARRACHE (Louis). Un Saint adorant la Vierge et l'Enfant Jésus. — Beau dessin à la plume, légèrement lavé d'encre de Chine.

35 CARRACHE (Annibal). Un Combat antique. — Belle composition à la plume lavée de bistre. (Collection Vallardi et autre.)

36 CASTIGLIONE (Benedette). L'Adoration des Bergers. — Charmant dessin au pinceau et au bistre. (Collection Vallardi.)

37 CHAPLIN. Jeune Fille regardant deux tourterelles. — Gracieux dessin à la pierre noire lavé d'aquarelle, sur papier teinté.

38 CHINOIS (Travail). Oiseaux peints sur papier de Chine. — Miniature et gouache. 2 pièces.

39 CICERI, père (1814). Site d'Italie. Très-jolie aquarelle.

40 CIGOLI. La Vierge couronnée par les anges et adorée par les saints. — Dessin d'un beau caractère, à la plume et au bistre. (Collection Vallardi.)

41 COCHIN. Femmes de la cour dans une tribune. — Joli dessin à la plume, teinté d'encre de Chine.

42 — Portrait d'Homme. — Profil. — Dessin à la mine de plomb.

43 — Un Mariage mythologique. — Costumes de théâtre du temps. — Dessin à la plume lavé d'aquarelle.

44 — Les six Frères. Groupe d'enfants jouant avec des armes. Projet pour un tableau de famille. — Joli dessin à la plume lavé de bistre.

45 COROT. Les Bords d'une rivière. — Effet de soleil couchant. — Belle aquarelle.

46 CREDI (Lorenzo di). Saint Julien l'Hospitalier. (Fait partie d'une composition du maître qui est au Louvre.) — Précieux dessin à la plume, rehaussé de blanc. (Collection Vallardi.)

47 DAUBIGNY. Étude de paysage. — Dessin à la pierre noire rehaussé de blanc, sur papier teinté.

Ceis 20 50 Michel 3.

[illegible]

Michel 3 gautier 15

Michel 6 gautier 12

Michel 7. [illegible]

C. 15 Michel 8 gautier 15

C. 25 Ceis 20 50 Brun 40

Ceis 15 50

Brun 15

C. 15

Brun 45

C. 38

Teis 5 50

Michel 21

Teis 20 50

48 DAVENT (Léon). La Scène. — Dessin à la plume, lavé de sépia.

49 ~~DECAMPS~~. Mendiante à la porte d'une église. — Petit dessin à la plume.

50 — Une famille de Singes. — Dessin spirituel à la pierre noire et à l'encre.

51 — Paysage.—Large croquis au fusain, rehaussé de blanc, sur papier teinté.

52 DELACROIX (Eugène). Soleil couchant.—Petit Paysage. — Belle aquarelle (provenant de sa vente).

53 — Lucie de Lamermoor. — Dessin à la plume, lavé d'encre de Chine rehaussé de gouache. (Provenant de sa vente.)

54 ~~DIETRICH~~. Une Chaumière dans le bois.—Beau dessin à la plume, lavé de bistre.

55 DOMINIQUIN (Zampieri, dit le). Apparition de la Vierge et de l'Enfant Jésus à saint Antoine de Padoue. — Dessin précieux du tableau qui est au Louvre.

56 — Sujet religieux. —Beau dessin à la plume, légèrement teinté de bistre.

57 DORÉ (Gustave). Plusieurs Croquis sur une même feuille. — Très-joli dessin à la pierre noire.

58 ~~DUMONTIER~~. Portrait de Louis XVI. — Dessin aux trois crayons.

59 DUPRÉ (Jules). Pâturage au bord d'une rivière. — Beau dessin à la pierre noire rehaussé de blanc, sur papier teinté.

60 — Vache dans une prairie. — Petit dessin à la mine de plomb.

61 **DUPRÉ** (Victor). Paysage, les bords d'une rivière. — Dessin à la pierre noire rehaussé de blanc, sur papier teinté. (Signé.)

62 **DUVIEUX** (Henri). Vues de Venise et d'Orient.— 5 dessins au pinceau, lavés d'encre de Chine. (Pourront être divisés.)

63 **DYCK** (A. Van). Le Couronnement d'épines. — Beau dessin à la plume et au bistre.

64 **EISEN**. Deux petits Genies. — Deux croquis spirituels à l'encre de Chine.

65 — Enfant portant le glaive et la tiare. — Enfant portant la tiare et les clefs. — 2 charmants dessins à la sanguine brûlée.

66 — Enfants jouant avec une chèvre. — Très-joli dessin légèrement touché d'encre de Chine. (Bas-relief.)

67 **FINARD**. Vue de la place du Châtelet le 14 février 1831. — Joli dessin à la mine de plomb.

68 **FLERS**. Un Paysage de Normandie. — Dessin à la pierre noire, rehaussé de blanc.

69 **FOUQUIÈRES** (Jacob). Une rivière dans les bois. — Beau dessin à la pierre noire, rehaussé de blanc.

70 **FRAGONARD** (Honoré). Château en ruines, avec tourelle. — Beau dessin à la sanguine.

71 — Enfants présentés à un docteur. — Dessin à la plume et à la sépia. (Au verso, deux Bacchantes sonnant de la trompe. Joli dessin à la plume.)

Brun 20

Teis 10 50 Brun 30

Teis 3.50
un seul –

Teis 7.50 Brun 40

Michel 2

C.15 Michel 3

C.20

Gomont 15

Michel 7 C. 15

Dieury 20

Ceis. 5 50 C. 15

Michel 6 Ceis 5 .50 Dieury 20

Michel 7

Michel 15 Veen 10

Verla 2 .50

72 — Mendiants à la porte d'une église. — Dessin à la plume, lavé de sépia.

73 — Scène d'Italie, conduite de troupeaux. — Croquis à la plume et au bistre.

74 — Fragment d'architecture. — Croquis coloré à la plume et au bistre.

75 — Les trois Grâces, d'après un camée antique. Joli petit dessin à la plume et au bistre.

76 — Un Vase antique à deux anses, orné de figures. — Charmant dessin à la plume, lavé de bistre.

77 — Un Sacrifice. — Gracieuse composition à l'encre de Chine. (Voir au verso.)

78 — Homme jouant de la guitare. — Dessin plein de verve à la plume et au bistre.

79 — Moines en goguette. — Beau dessin à la plume, teinté d'aquarelle.

80 FRANÇAISE (École). Groupe de personnages dans une promenade publique. — Joli dessin à la plume, lavé d'encre de Chine. (Debucourt?)

81 — Cartouche et Ornements. — Joli dessin à la plume, lavé d'encre de Chine (J.-B. Huet. 1779). Signé.

82 — Bergers dans la campagne. — Petit dessin à la plume, lavé d'encre de Chine. (Gillot.)

83 — Combat. — Joli dessin à la plume. (De la Belle.)

84 — Groupe de cavaliers. — Croquis à la plume. (Vander Meulen.)

85 — Trois Têtes d'enfants. — Dessin à la sanguine.

86 — Deux Groupes d'enfants. — Joli dessin à la sanguine, légèrement teinté d'encre de Chine.

87 — Portrait de J.-J. Rousseau herborisant. — Belle aquarelle in-4.

88 — Nymphes et Faunes. — Sanguine arrêtée à la plume.

89 — Composition pour un plafond. — Dessin à la sanguine arrêté à la plume,

90 — L'Architecture, sujet allégorique pour un plafond. — Dessin à la sanguine arrêté à la plume.

91 — Deux Amours dans un rinceau. — Grand et beau dessin d'ornement au pinceau et à la sépia.

92 FRANCO (Batista). La Circoncision. — Très-joli dessin à la plume, lavé de sépia.

93 GAVARNI. Un Homme assis. — Croquis à la mine de plomb.

94 — La Grand'Mère. — Joli dessin à la pierre noire.

95 GELLÉE (Claude), dit le Lorrain. Paysage. — Beau dessin à la plume, légèrement lavé d'aquarelle.

96 GÉRARD (F.). Portrait de Femme de profil. — Joli dessin à la pierre noire, légèrement teinté d'aquarelle.

97 ~~GILLOT~~. Janissaire sous les armes. — Marchand d'habits. — Marchand de poissons. — 3 croquis à la plume et à l'encre de Chine.

Gomme 7

Michel 6 [illegible] 2.

C 15 Cois. 5 50 B [illegible]

Cois 15.50

Michel 11

Yarlor. 5

Bordereau

6 Portrait	Vicime	4				353	50
11 Musicien	Berger	13		76 Vase	C	14	..
12 Boilly		15		77 Sacrifice	Dieusy	12	..
14 Satyre	Ceisseire	3		79 Moines	Dieusy	25	
15 Boucher	B.	16		81 Cartouche Huet	Michelot	15	50
19 deux amours	Ceisseire	6		82 Berger	Varlo	1	
20 trois amours	B	28		87 Rousseau	Martin	8	
21 La Musique	C	38		95 Claude	Ceisseire	8	
22 femme	Michelot	5		96 Gerard	Michelot	8	
26 Choc	Brun	5		97 3 dessins	Varlot	5	
27 Melée	C	7		98 4 dessins	Maisot	17	
28 Brandt	Perut	5		105 Gravelot	Sardou	35	
29 Bree	Michelot	5		106 femme	Brun	24	
32 Caravage	C	6		109 Greuze etc	C	10	
34 Carrache	C	5		110 Nicole 3.	B.	76	
37 Chaplin	Ceisseire	10		111 Hall	C	15	50
42 Cochin	Gautier	7		118 Huet	Sardou	65	..
44. 6 freres	C	15	50	119 paysage	Peru	8	50
47 Daubigny	Ceisseire	10		130 8 italiennes	C	14	
51 Decamp	C	11		131 Bilon	C	16	
52 Delacroix	Brun	21		132 Trait Hist.	C	20	
55 Dominiquin	C	18		134 femme couchée	C	10	
58 Louis XVI	Michelot	21		140 Sacrifice	Michelot	5	
59 J. Dupré	Ceisseire	15		143 Costumes	Ceisseire	5	50
60 Vache	Brun	20		148.149	C	11	
61 V. Dupré	Brun	26		151 Christ	Ceisseire	3	
63 Dyck	Perut	8		154 Chateau	Charlemer	7	50
				157 la Besace	Dieusy	18	
				159 Lesueur	B	8	

850 00

172	Rousseau	B	8	
179	Oppenord	C	15	
184	Oudry	Gautier	15	
196	Prudhon	C	14	
202	Rembrandt	C	51	
204	Mere	C	31	
205	Reni	Teissere	3	
207	Robert	C	7	
209	2 Robert	B	32	
	3 —	B.	35	
212	Roqueplan	C	21	
213	Rosa	Teissaire	4	
215	Vase	C	7	
217	Ruysdael	C	10	
219	Concert	Deinoy	21	
220	promenade	Michelot	2	75
234	architecture	C	8	
239	David	B	11	50
242	Velde	C	11	
243	port:	C	15	
245	Bethsabée	C	11	
247	Tete	B	11	
248	Wouwerman	C	8	
249	—	C	23	
250	Lieu	Teissere	5	
251	—	B.	3	

1242 75
62 15
1304 40

Vaulx 5

C. 32

XV Brun 30 Vert C

Michel 26 Vien 10

Michel Brun 25 Vien 12 Sivry 20

B. 25 Brun 30 Vert 10

98 — Quatre Vignettes pour des contes. — 4 petits dessins spirituels à la plume et à l'encre de Chine.

99 — La Danse aux Porcherons. — Charmant dessin à la plume, légèrement lavé d'encre de Chine.

Jamais ni l'un ni l'autre

100 GOLTZIUS. Judith. — Beau dessin à la plume, lavé de bistre.

101 GOUJON (Jean). Une Nayade. — Ce dessin, d'un beau style, a une analogie frappante avec les figures de la fontaine des Innocents.

102 GRAFT. Camp avec militaires et bohémiens. — Composition lavée d'encre de Chine.

103 GRANET. Une Église italienne. — Dessin à la plume, lavé de sépia.

104 — Trois Vues d'Italie. — Charmants dessins à la sépia. (Signés.)

105 GRAVELOT. Joueurs de cartes, dans un appartement richement décoré. — Les personnages sont gravés, mais l'ornementation est un dessin très-finement exécuté à la plume, et lavé d'encre de Chine. La Comete

106 — Femmes et Amours, l'Automne, l'Hiver. — 2 spirituels dessins à la plume et à l'encre de Chine. (Signés.)

107 GREUZE (J.-B.). Tête d'enfant qui dort. — Joli dessin à la sanguine. (Signé.)

108 — Jeune Homme accoudé à un piédestal. — Dessin lavé à l'encre de Chine

109 — Tête de jeune Fille. — Grand dessin à l'estompe, un peu fatigué, mais charmant d'expression.

110 GUARDI. Vues de Venise. — 3 dessins à la plume et au bistre. Très-colorés et très-larges d'effet. (Seront divisés.)

111 HALL. Portrait de Femme du temps de Marie-Antoinette. — Charmant croquis à la gouache.

112 HELST (Van der). Les Chevaliers de l'arc. — Dessin à la sanguine lavé de bistre.

113 HERMANN D'ITALIE. Paysage de forme ronde. — Joli dessin à la plume, lavé d'encre de Chine.

114 HOBBEMA. Une route dans les bois. — Beau dessin à la pierre noire. Écorné. (Collection Desperret.)

115 HOLLANDAISE (École). La Tonte des moutons. — Les Patineurs sur la glace. — 2 jolies aquarelles. (Attribuées à Schweikhardt.)

116 — Le Canal. — La Promenade. 2 aquarelles d'une finesse remarquable. (Attribuées à Michaud.)

117 — Bâtiments en perdition. — 2 dessins à la plume d'un effet remarquable. (Attribués à Backuisen.)

118 HUET (J.-B.). Jeune Bergère nue, fuyant l'Amour. — Gracieux dessin à la plume, terminé à l'encre de Chine. (Signé J.-B. Huet, 1785.)

119 — Une Rivière avec aqueduc, bateau. — Jolie aquarelle.

C. 20

21 B. C.

C. 15 Vienne 15 Michel 10

C. 19

Dieny 30 Ceis 3.50 Vien 30 Brun 20 Michel 17

Parra X

Leis 15.50

Michel 15

C. 32

C. 57

C. 38

Leis 2.50 C. ~~35~~ 44

120 HUET (Paul). Paysage avec rivière. — Aquarelle vigoureuse.

121 ISABEY, père. Portrait de Femme. — Miniature sur papier.

122 ITALIENNE (École). Une Femme assise. — Joli dessin à la plume.

123 — Sainte Élisabeth. — Croquis à la pierre noire.

124 — Une ~~Sainte~~ cueillant des fleurs. — Joli dessin à la plume et au bistre. (Signé I. L.)

125 — Deux Hommes luttant sur un pont.— ~~Dessin~~ à la plume. (Salvator Rosa.)

126 — Bellone. — Beau dessin à la plume. (Le Rosso.)

127 — Un Saint portant un livre et une branche de lys. — Beau croquis à la plume. (Le Farinasse.)

128 — La Mort d'Adonis. — Dessin à la plume, lavé d'encre de Chine.

129 — Le Lavement des pieds. — ~~Dessin~~ à la plume et à la sépia.

130 — Fragments antiques. — Beau dessin à la plume.

131 — Portrait de Vencentio Bilon de Bologne. Très-beau portrait à la plume.

132 — Trait de l'histoire d'Italie. — Beau dessin à la plume.

133 — Une Diane chasseresse, buste demi-nature. — Dessin aux trois crayons. (Barocci.)

134 — Femme couchée. — ~~Dessin~~ à la sanguine du plus beau style. (Attribué à ~~Bandinelli~~.)

135 JOHANNOT (Tony). La Noce de village. — Jolie vignette à l'encre de Chine pour le *Voyage où il vous plaira.*

136 JOUVENET (Jean). Le Crucifiement de saint Pierre. — Dessin à la pierre noire rehaussé de blanc, sur papier teinté. (La même composition, avec quelques différences, est exposée dans la collection des dessins du Louvre.)

137 — Un Martyre. — Dessin au pinceau lavé d'encre de Chine.

138 — Guérison du paralytique. — Beau dessin à la plume, lavé d'encre de Chine.

139 LAFAGE (R.). Triomphe de la Religion. — Dessin en forme de frise, au crayon et à la plume, légèrement lavé de sépia.

140 — Sacrifice au dieu Pan. — Joli dessin à la plume, lavé de sépia.

141 LAFITTE. Jeune Fille coupant les ailes à l'Amour. — Joli dessin à la plume et au bistre.

142 LAFOSSE. Deux frises. — L'Abondance et la Paix. — Jolis dessins lavés d'encre de Chine.

143 LANCRET. Costumes et personnages du temps. — 2 petits croquis spirituels à la plume.

144 LANFRANC. Prophète porté par des anges. — Croquis à la plume rehaussé de blanc, sur papier teinté.

145 LARUE. Sacrifices antiques. — 4 très-petites aquarelles ovales en travers, très-fines.

146 LA TOUR (Maurice Quentin de). Portrait de l'Artiste. — Pastel de la plus belle qualité. — Il s'est représenté en buste, vêtu d'un habit de

Lois 5.50

Lois 5.50

Michel 6

Michel 5

Lois 5 50 Michel 4

Lois 3.50

C. 600. Lap. 400 Gaulin [illegible]

C. 15

Ceis. 5.50

Ceis. 3 50

velours bleu, cravate blanche et jabot de dentelles, perruque poudrée et bourse. En un mot, c'est le portrait de l'homme du monde, comme le portrait qui est au Louvre est celui de l'artiste dans son atelier. Celui que nous mettons en vente est aussi fin et aussi spirituel que l'autre; mais il est plus achevé, plus complet. Le peintre s'y est autant soigné que quand il faisait les portraits des plus illustres personnages du temps. Du reste, selon une note qui est au revers, il a été exécuté en 1751. L'auteur, qui etait né avec le siècle, avait cinquante ans; il était dans toute la force et tout l'éclat de son talent. Ce portrait est encadré dans une charmante bordure du temps, bois sculpté.

147 LAURI (Philippo). Un Monument avec figures allégoriques. — Croquis très-fin à la plume. (Cabinet de Peyron.)

148 LEBAS (Hippolyte). Un Marais dans les Landes. — Jolie aquarelle.

149 — Falaise, au bord de la mer. — Charmante aquarelle rehaussée de gouache.

150 LEBRUN (Ch.). Apollon architecte. — Deux Fleuves (allégorie). — 2 dessins à la plume, lavés de sépia.

151 — Le Christ apparaissant à une foule prosternée. — Belle esquisse à la sanguine et au bistre.

152 — La Visitation. — Grande composition à la plume, lavée de bistre et rehaussée de blanc.

153 **LECLERC** (Séb.). Scènes de marché. — 2. Jolis petits croquis à la plume.

154 — Vue d'un château. — Très-joli dessin à la plume.

155 **LEFÈVRE.** Intérieur d'un atelier de peintre (le modèle pose). — Jolie aquarelle.

156 **LEMOINE.** Les Sciences et les Arts. — Vaste composition allégorique lavée à l'encre de Chine.

157 **LE PRINCE.** « La Besace. » — Vignette pour une fable de Lafontaine. — Joli dessin in-8° à la plume lavé de bistre.

158 — Personnage à cheval. — Joli croquis à la plume et au bistre.

159 **LESUEUR.** Un Écrivain religieux. — Beau dessin à la sanguine. (Il a été pointé et a fait partie de la collection des Gobelins).

160 **MALLET.** Le Réveil, femme couchée. — Joli dessin à la plume et à l'encre de Chine, rehaussé de blanc, sur papier bleu.

161 **MARILLIER.** Deux jolies petites compositions allégoriques, à la plume et au bistre, formes rondes.

162 **MARNY** (P.). Une Marine. — Belle aquarelle.

163 — Vue de Venise. — Charmante aquarelle.

164 **MERIAN.** Château gothique, avec pont-levis. — Très-curieux dessin à la plume teinté d'aquarelle.

165 — Un Vase antique orné de figures d'enfants. — Dessin à la plume lavé d'encre de Chine.

166 **MOLA** (Francesco). Quatre têtes de Moines d'un beau caractère. — Dessin à la plume.

Chartener 5

Charlener 8.

Michel 10

Dieury 20

R. 20

Michel 6

Michel 5

C. 25

[illegible] 25 Michel 11

[illegible] x X

Michel 13 Leis. 4 50

B. 25 Michel 7

Michel 16

Leis 2 50

C. 20

167 — Un Concile. — Beau dessin à la plume lavé de bistre.

168 **MOREAU le jeune.** La Position intéressante. — Belle aquarelle.
(Dame lisant dans un intérieur).

169 MOREAU (L.). Fête de nuit en Italie. — Dessin d'un joli effet ; à la plume lavé de bistre.

170 — Ruines antiques. — Charmant dessin à la plume lavé de bistre.

171 NATOIRE. Baigneuse. — Grand et gracieux dessin aux trois crayons.

172 NATTIER. Portrait de J.-J. Rousseau. — Sanguine rehaussée de blanc. (Voir au verso, un autre croquis du même portrait).

173 NETCHER (G.). Portrait de Femme. — Charmant dessin aux trois crayons, d'une grande finesse, ovale in-8.

174 NICOLLE. Une Fontaine en Italie. — Petit dessin lavé au bistre.

175 — Un Paysage ovale en travers. — Joli dessin à la sépia.

176 — Péristyle d'un palais. — Dessin à la plume lavé d'aquarelle.

177 NICOLO DELL' ABBATE. Sainte Famille servie par les anges. — Charmant petit dessin à la plume et à l'encre de Chine, rehaussé de blanc.

178 OMMEGANCK. Paysage orné de figures. — Joli dessin à la plume lavé de sépia.

179 OPPENORD. Projet de fontaine. — Beau dessin à la plume.

180 ORIZONTI. Les bords d'un golfe. — Charmant dessin à la plume lavé de bistre.

181 OSTADE (A. Van). Homme drapé dans un manteau. Beau dessin à l'encre de Chine.

182 OUDRY. Étude de Paysage.—Dessin aux crayons noir et blanc.

183 — Gibier gardé par un chien. — Large croquis au crayon noir rehaussé de blanc.

184 — Le Soleil et les Grenouilles. — Beau dessin in-4° à l'encre de Chine pour les Fables de Lafontaine.

185 — Le Loup et l'Agneau. — Beau dessin à l'encre de Chine rehaussé de blanc. (Signé.)

186 PANINI. Intérieur de Saint-Pierre de Rome. — Beau dessin d'architecture à la plume, légèrement lavé de bistre.

187 PARMESAN (le). Trois têtes de Femmes. — Charmant petit dessin à la plume lavé de bistre.

188 PATEL l'ancien. Une Rivière dans les bois. — Dessin à la pierre noire.

189 PERUZZI (Balthasar). Un Roi sur son trône reçoit des présents. — Superbe dessin lavé à la sépia et rehaussé de blanc sur papier bleu.

190 PERINO DEL VAGA. Marche de Silène. — Superbe dessin à la plume, lavé de bistre et rehaussé de blanc.

191 POCCETTI (Bernardino). Trois personnages debout. — Beau dessin à la pierre noire.

192 POUSSIN (Nicolas). Six Enfants jouant avec une chèvre. — Beau dessin à la plume, lavé de sépia.

[illegible] 5 [illegible]

Ceis 4 50

[illegible]

[illegible] 20

C. 25 Bienvy 20. Vien 20 Bum 20 [illegible]

Ceis 2 30

C. 38 Ceis 7 50

C. 19

Leis. 7 50

[illegible] Brun 30 Vien 40 Fers 6 50

Cers 15 50 C. 50

C. 95

Leis 4 50

193 — Venus et Adonis. — Dessin à la plume, lavé de sépia.

194 PRUDHON (P. P.). Femme tenant une palette et des pinceaux. (Pourrait être le portrait de Mlle Meyer.). — Croquis à la plume.

195 — Une Renommée portant une trompette, une couronne et des tablettes. — Croquis à la plume teinté d'aquarelle.

196 — Une Femme assise. — Croquis plein d'expression à la sanguine.

197 — Étude de Femme pour une peinture allégorique. — Dessin au crayon noir rehaussé de blanc.

198 — L'Aurore. — Beau dessin à la plume, lavé de bistre et rehaussé de blanc.

199 RAFFET. Attaque d'une redoute. — Très-beau dessin à l'aquarelle. (Signé.)

200 RAPHAEL (d'ap.). Psyché et ses sœurs. — Bon dessin à la plume, lavé d'encre de Chine.
(Il pourrait être du Poussin.)

201 REDOUTÉ. Un Lys rouge. — Aquarelle sur vélin.

202 REMBRANDT. Un Juif d'Amsterdam. — Joli dessin à la plume. Cabinet Robert Duménil.

203 — Un Paysage. — Dessin à la plume, lavé d'encre.

204 — Une Mère et son Enfant. — Charmant croquis à la plume. (Au verso, un autre croquis.) Cabinet Robert Duménil.

205 RENI (Guido). L'Eucharistie adorée par des Saints. — Beau dessin au crayon noir, légèrement rehaussé de blanc sur papier bleu.

206 **RESTOUT.** Les Éléments, allégorie. — Projet de plafond. — Dessin vigoureux à la pierre noire, rehaussé de blanc.

207 **ROBERT** (Hubert). Ruines. — Joli croquis à l'encre de Chine. — Un Intérieur. — Jolie sépia. 2 petits dessins.

208 — Portique d'un monument en ruines. — Joli dessin teinté d'aquarelle.

209 — Grandes Vues de Rome, Arc triomphal et Intérieur, en hauteur. — Le Vatican et autres, en travers. — Belles sanguines de la meilleure manière du maître. (Seront divisées.)

210 **ROMAIN** (Jules). Combat antique. — Superbe dessin à la plume. (Au verso, composition analogue à la sanguine.)

211 — L'Enlèvement des Sabines. — Grand et beau dessin provenant de la collection Desperret. (Voir au verso, cinq Orientaux à cheval.)

212 **ROQUEPLAN** (Camille). Les Bords d'un lac. — Jolie petite aquarelle. (Signée.)

213 **ROSA** (Salvator). Soldats au repos. — Joli dessin à la plume.

214 — Paysage. — Charmant croquis à la plume.

215 — Vase entouré de différents personnages. — Beau dessin à la plume et au bistre.

216 — Persée combattant le Dragon. — Grande peinture à la détrempe.

217 **RUYSDAEL.** Paysage avec église. — Beau dessin à la plume, lavé de bistre.

218 **SAINT-AUBIN.** Portrait d'Homme. — Charmant dessin aux trois crayons.

19

pomont [25] B. 5
2 pièces chaque 5 fr

Ceis 7.50

26 Ceis 15 50 Brun 20

Ceis 4 50

19

38 Ceis 4 50 [illegible] x

20 Michel 15 [illegible] xx

Michel 3 Leis. 7 50 Henry 20 C 15

Michel 3

Michel 7 Henry 20

Leis. 6 50

Leis 3 50

Leis 2 50

219 — Concert d'Amateurs. — Beau croquis à la plume, lavé de sépia.

220 — Promenade galante. — Spirituel croquis sur le revers d'une carte à jouer.

221 — Scènes galantes. — 4 charmants croquis à la plume, légèrement lavés à la sépia et pierre bleue.

222 — L'Adoration des Rois et des Bergers. — Charmant dessin à la plume, lavé d'encre de Chine. Chapelle formant trois compartiments.

223 SALÈS (Ad.). Les bords d'une rivière. — Joli dessin à la pierre noire, rehaussé de blanc sur papier teinté.

224 SAUVAGEOT. Chaumière au bord d'une route. Très-jolie aquarelle, gouachée.

225 SCHEFFER (Ary). Tête de Jeune Fille. — Joli dessin à l'estompe, tiré des Enfants surpris par l'orage.

226 STELLA. Nymphes jouant à colin-maillard avec des Amours. — Dessin à la plume, lavé de bistre.

227 SYLVESTRE (Israël). Monument de Rome. — Dessin à la plume, lavé d'encre de Chine.

228 TEMPESTA. Une Bataille. — Beau dessin à la plume, lavé de bistre.

229 TENIERS (David). Joueur de Cornemuse et autres figures. — Beau dessin à la plume.

230 TIÉPOLO. Sainte Famille. — Dessin à la plume, lavé de bistre sur papier calque.

231 — Hercule entre le Vice et la Vertu. — Dessin à la plume, lavé de bistre.

232 TINTORET. Un Saint en prière.—Dessin vigoureux au pinceau et au bistre.

233 TITIEN. Saint Jérôme dans le désert. — Dessin à la plume.

234 — Étude d'Architecture. — Beau dessin à la plume.

235 TOURNEMINE. Marine des côtes. — Jolie aquarelle.

236 TRINQUESSE. Portrait costume de dame, peut-être une actrice. — Jolie aquarelle.

237 TROYON. Étude de Vache — Très-beau dessin à la pierre noire rehaussé de blanc, sur papier bleu.

238 VANLOO (Carle). Groupe de quatre têtes d'Hommes et une tête de chien. — Beau dessin à la sanguine (a été gravé).

239 — David jouant de la harpe devant Saül. — 2 jolis dessins à la sanguine et sanguine brûlée.

240 — Études de Mains. — Beau dessin à la sanguine.

241 VANNI (Francesco). La Vierge et l'Enfant adorés par des Saints. — Dessin inachevé à la pierre d'Italie, lavé de bistre et rehaussé de blanc.

242 VELDE (Willhem van de). Marine. — Beau dessin à la plume, lavé d'encre de Chine.

243 — Port de mer. — Sépia d'un bel effet.

244 VÉRONÈSE (Paul). Adoration des Mages. — Belle composition à la plume, légèrement lavée de sépia.

245 — Bethsabée au bain. — Très-beau dessin à la plume, lavé de bistre.

Leis 2 50

Leis 2. 50

C.19

Leis 10 50

Viém 12 Michel 6 B 0.5

Leis 10 50

Leis 5 .50 B.30

C.32

C.19

C.32 Leis 6 50

B. 25 Cis 3 50

~~B. 25~~ Cis 3.50 C. 26

C. 32

Cis 5.50

B. 20

246 WATTEAU. Un Homme en méditation dans un cabinet. — Croquis à l'encre de Chine.

247 — Tête de Jeune Fille. — Dessin aux trois crayons.

248 WOUVERMANS. Maraudeurs en marche. — Bon dessin à la plume.

249 — Une Halte de Militaires. — Belle composition à la sanguine.

250 ZIEM. Promenade sur l'eau. — Croquis léger à la mine de plomb, ovale en travers.

251 — Une Femme assise. — Très-joli dessin à la mine de plomb.

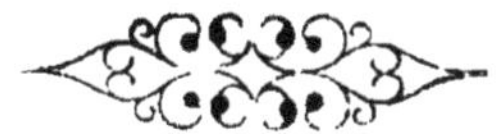

Renou et Maulde, imprimeurs de la Compagnie des Commissaires-Priseurs, rue de Rivoli, 144. 7708

www.ingramcontent.com/pod-product-compliance
Ingram Content Group UK Ltd.
Pitfield, Milton Keynes, MK11 3LW, UK
UKHW021505260726
13993UKWH00004B/1566